신명나게 놀아봄세

문영이 캘리그라피 · 시

詩, 묵향에 물들다

신명나게 놀아봄세

문영이 캘리그라피 · 시

황금물결 일렁이는 벽골재
정백봉 어우러져 춤을 추니
지화자 좋을시고
우리도 어울링 더울링
신명나게 놀아봄세

문학공원

自 序

나에게 시란 아픔, 고통, 번뇌를
토로하는 것이며
그 울부짖음은
나에게 안위를 가져다 주었고
위로를 건넸으며
때로는 치유를 던져주었다.

2019년 여름

하정 **문영이**

축 사

훌륭한 작가로 발돋움하기를

   100세 시대를 살고 있는 현시대에는 보험처럼 특기나 취미를 개발해야만 행복한 노년의 삶을 영위할 수 있다.
   하정 문영이는 일찍부터 주어진 재능을 개발하여 아름다운 시를 쓰는 작업을 하고 있다.
   어떤 이는 말하기를 시를 쓴다는 것은 나를 비우고 버리는 일이라고 했다.
   자신을 비우고 버려서 비로소 누추하고 쓸쓸하고 시려졌을 때 비로소 찾아와 글이 되어 태어나는 시, 그 작업을 하고 있는 하정이 부럽기도 하다.
   그렇게 가슴으로 낳은 시를 다시 붓으로 표현하여 작품집을 낸다고 하니 축하할 일이다. 하정은 나에게 입문하여 서예와 캘리그라피를 공부하고 있다.
   한 곳에 혼을 쏟는 것도 어려운데 둘 셋을 하니 힘찬 박수를 보낸다.
   모든 작가들의 소망과 꿈은 좋은 작품을 만들고 남기는 것이다. 이 시점에서 자신을 한 번 돌아보고, 더욱 정진하여 훌륭한 작가로 발돋움하기를 기대한다.

2019년 여름 인사동 서실에서

새눌 김인순 (새눌 金仁順)

서문

푸른 색상과 맑은 소리로 드러나는 시

문영이 시인은 꿈을 향한 도전을 통해

행복이라는 고통을 즐겨왔다

예술의 카타르시스는

고통스럽도록 연습하고 사색해서 얻어지는 것으로

그녀의 시는 지속적으로 카타르시스를 생산하여

초원이나 하늘 같은 푸른 색상이나

새소리나 개울물소리 같은 맑은 소리로 들어난다

문영이의 시는 매우 다양한 소재를 통해

독자를 행복으로 안내한다

2019년 여름

김순진 (문학평론가 · 고려대 평생교육원 시창작과정 교수)

차례

자서 • 5
축사 - 김인순 • 6
서문 - 김순진 • 7

1부.
정의의 용사

꿈을 꾼다는 건 • 15
여름날의 바람 • 16
시(詩) • 20
잔잔한 바다에 서서 • 22
나의 4월 • 24
착각 • 27
그대 사랑이 • 29
너 • 30
매지구름 • 33

2부. 무언가에 몰입한대

이름 ∗ 36
인사 ∗ 39
함께 그러나 따로 ∗ 40
나눔 ∗ 43
봄 · 1 ∗ 46
부부(夫婦) ∗ 48
귀항을 기다리며 ∗ 50
행복(幸福) ∗ 53
볏골 ∗ 54
벚나무의 번뇌 ∗ 56
팬지꽃의 하루 ∗ 58
부모님 날 낳으시고 ∗ 62

3부.
그윽한 산조차

꿈 • 67
연산홍 • 68
선물(膳物) • 70
윤회(輪廻) • 73
장승 • 74
연명(延命) • 77
봄 · 2 • 79
아줌마 누나 • 80
해무(海霧) • 84
사랑 • 87

4부.
어화둥둥 내사랑아

어떤 기다림 ◦ 90
共感 ◦ 93
밀월(蜜月) ◦ 95
코스모스 ◦ 96
꽃길 ◦ 99
어떤 날 ◦ 101
님께로 가는 길 ◦ 102
은행 ◦ 104
몽화(夢花) ◦ 106

1부
정의의 용사

슬기로운 삶

참 지혜는
지금을 幸福한
마음으로 가꾸는 것

꿈을 꾼다는 건

늘

幸福한

苦痛을

즐기는 것

여름날의 바람

열 살이고 픈
노모의 투정에
된바람이 일고

열린 창문을
비집고
소슬바람이
귓가를 스치는데

갈 바를 모르는
내 마음엔
왜바람이 들어오누나

여름 날의 바람

왜 바람 앞들녘 오누나
갓 벋는 벼 오르는 해맑은
소슬바람 빛 가루를 치는데
열 간 창문을 비집고
된 아랑 이 울고
열 살이 고픈 노모의 투정에

마흔 일곱 여름
하 정은영이

1부. 정의의 용사 · 17

내 영혼
깊은 곳을
한번이라도
씻어보지도
들여다본일
않는
없는
줄을
어느날에사

하정자그림

시(詩)

처음엔
내 생각인 줄
알았거든

지금은

끊임없이
이어 온 인류의
전승물

그래서

내 詩는
내 詩가
아닌 것이여

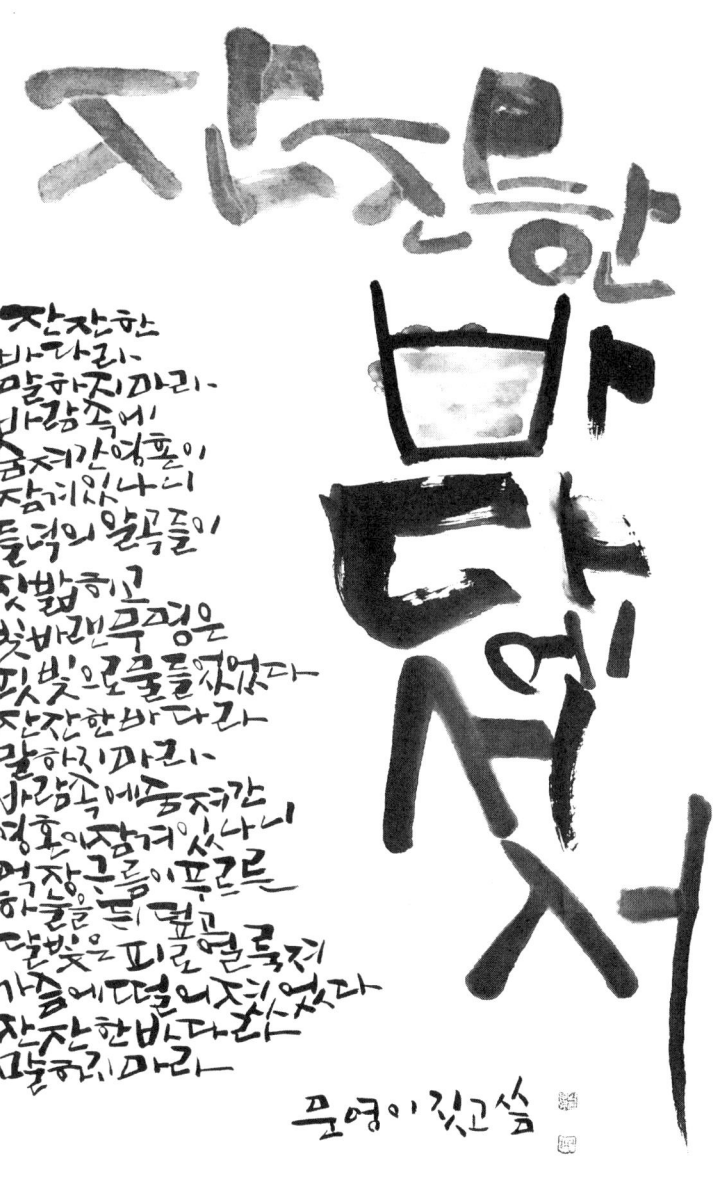

잔잔한 바다 앞에서

잔잔한
바다라고
말하지 마라
바람 속에
움직인 영혼이
잠겨 있나니
들녘의 알곡들이
짓밟히고
빛바랜 추억은
흰빛으로 굴러 갔었다
잔잔한 바다라
말하지 마라
바람 속에 움직인
영혼이 잠겨 있나니
억장 구름이 푸르른
하늘을 두 평쯤
달빛은 피로 얼룩져
가슴에 떨어 졌었다
잔잔한 바다라
말하지 마라

푸영이 짓고 씀

잔잔한 바다에 서서

잔잔한 바다라 말하지 마라
바람 속에
숨겨간 영혼이 잠겨있나니

들녘의 알곡들이 짓밟히고
빛바랜 무명은 핏빛으로 물들었었다

잔잔한 바다라 말하지 마라
바람 속에
숨겨간 영혼이 잠겨있나니

먹장구름이 푸르른 하늘을 뒤덮고
달빛은 피로 얼룩져 가슴에 떨어졌었다

잔잔한 바다라 말하지 마라
바람 속에
숨져간 영혼이 잠겨있나니

갈바람을 가르고 붉은 영혼이 달려오고
푸른 혈관은 이 땅을 지나고 있다

나의 4월

- 왕벚나무

지난 겨울 사람들은 날 외면했어
그늘조차 주지 않는다며 힐끗거렸고
앞바다의 얼룩 바람에 몸서리를 쳤어
천자봉의 비구름이 두려웠지

어둔 밤 사내는 내게 기대어 통곡했어
한 낮의 할매는 내 몸통을 울렸지
그래도 난 생명의 끈을 놓지 않았어
그리움을 펼쳐보이려고 이때를 기다린 거지

지난겨울 사람들은 날외면했어 그는 쳐다조차 주지 않는 다며 힘들어했고 맘바다의 얼룩 바람에 몸서리를 쳤어 헌 자봉의 비구름이 두려웠지 어두운 밤 사내는 내게 기대어 통곡했어 한낮에 할매는 벙어리 통곡을 울렸지 그래도 난 생명의 끈을 놓지 않았어 그리움을 펼쳐 보 알려고 그때를 기다린 거지

무술년 봄에 나의 사월을 하정 류영미 짓곰

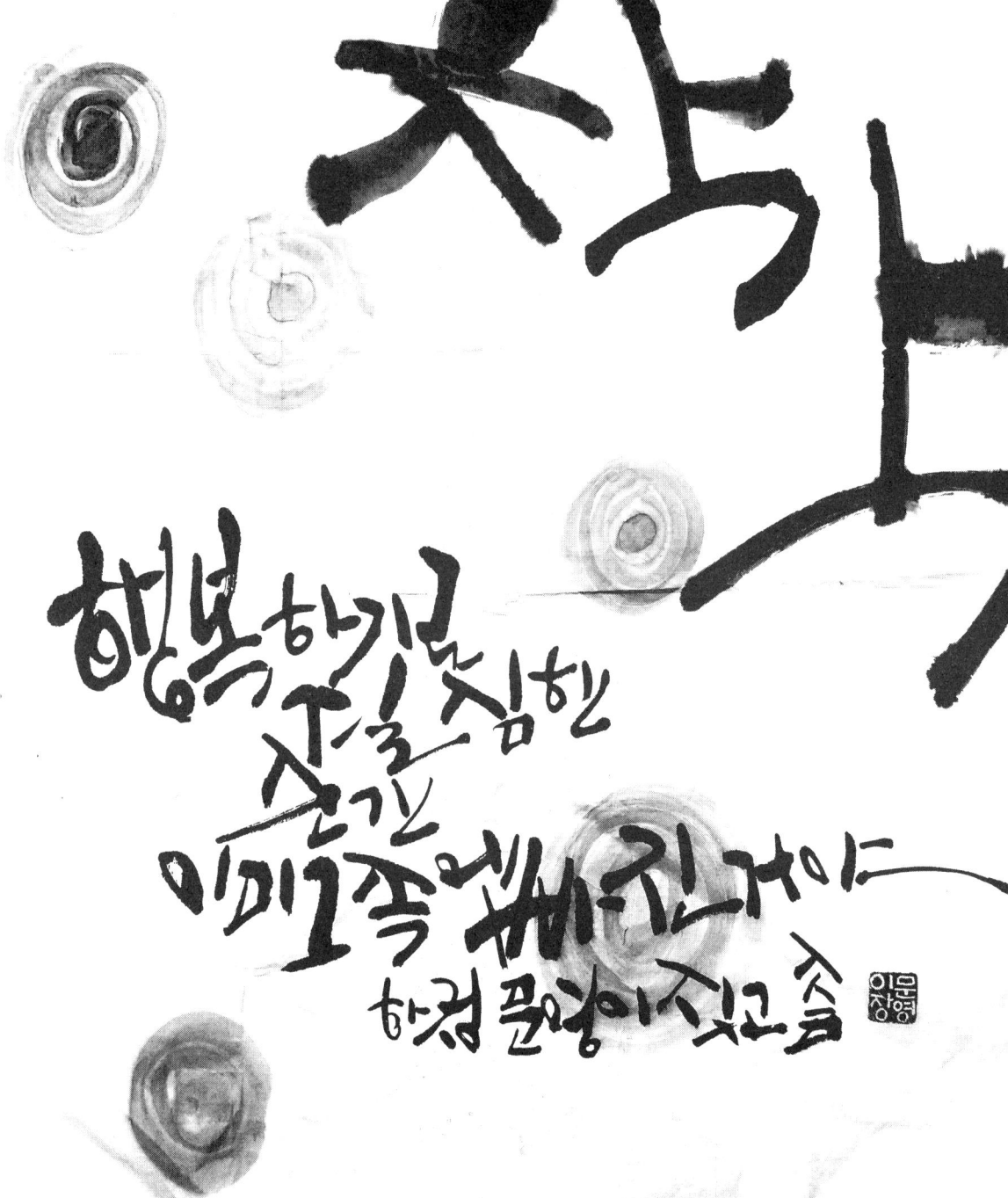

착각

행복하기로
결정한 순간

이미

그 속에
빠진 거야

그대사랑이

그대사랑이
둥근달이면
나는야
동녘에 떠올라
먼 산에
붉은 햇살이
숨바꼭질할
때까지
태양 뒷편에
숨고싶어요

이천십칠 그대사랑이를
하정무 영이 짓고쓰다

그대 사랑이

그대 사랑이
둥근 달이면
나는야
동녘에 떠올라
머언 산에
붉은 햇살이
숨바꼭질 할 때까지
태양 뒷편에
숨고 싶어요

너

이 세상
떠날 때까지
내 가슴 속에
품고 갈 이름

아니

저 세상에서도
잊지못할 이름
바로 당신입니다

이 세상
떠날 때까지
내 가슴속에
품고 갈 이름

아니
저 세상에서도
잊지 못할 이름

바로
당신입니다

매지구름

당신이 내게
손을 내밀었을때
갈가마귀
땅으로 곤두박질 치던걸요

당신과의
거친 입맞춤이 시작되니
하늘이 흔들리던걸요

대지의 이끼 씨근는
살무사의 대가리

물칼로 탈바꿈한
그대는
정의의 용사

이천십칠년 여름날
하정문영이 짓고 쓰다

매지구름

당신이 내게
손을 내밀었을 때

갈가마귀
땅으로 곤두박질치던 걸요

당신과의
거친 입맞춤이 시작되니
하늘이 흔들리던 걸요

대지의 혀는
살무사의 대가리

물칼로 탈바꿈한
그대는
정의의 용사

2부
무언가에 몰입할 때

이름

神이
아비를
通해
내려준
운명
같은 거

네 이름이
뭐니

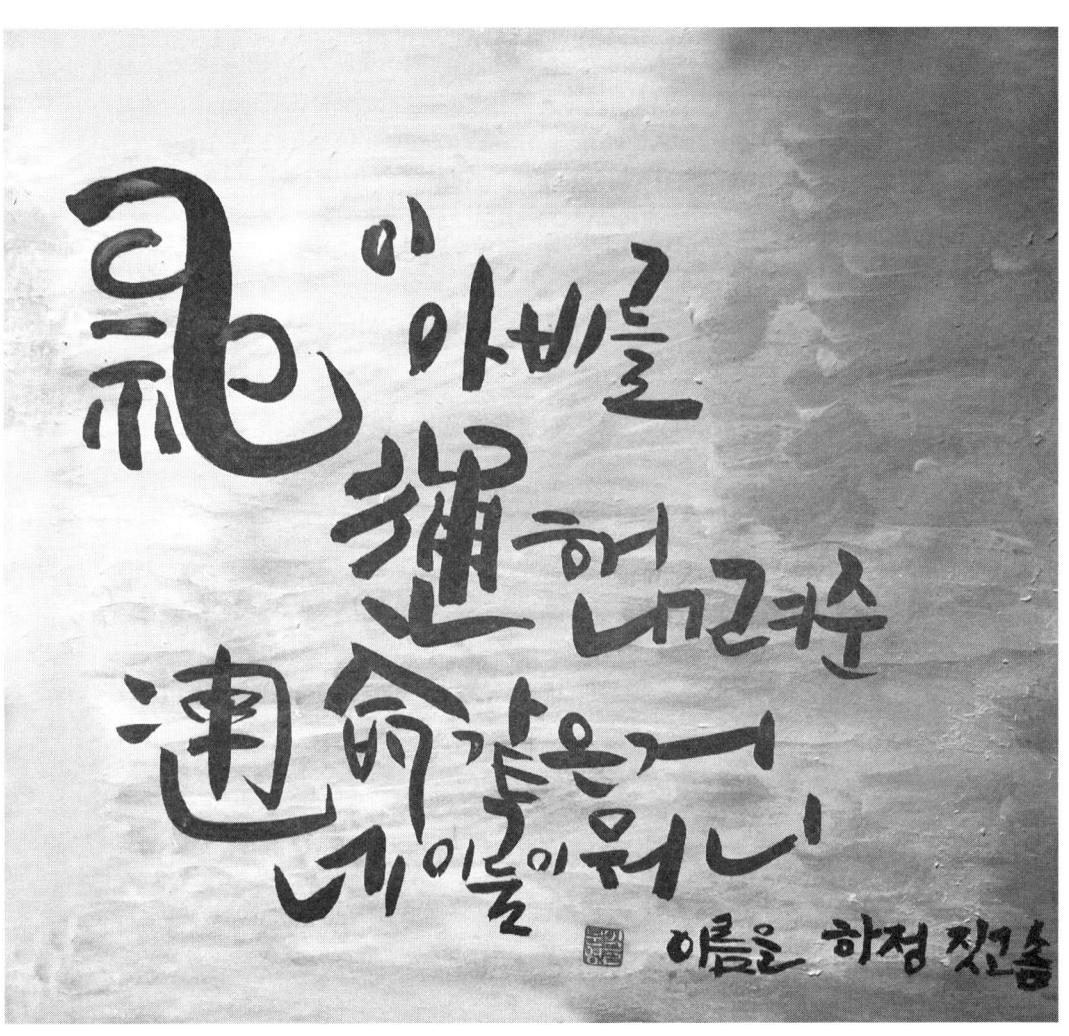

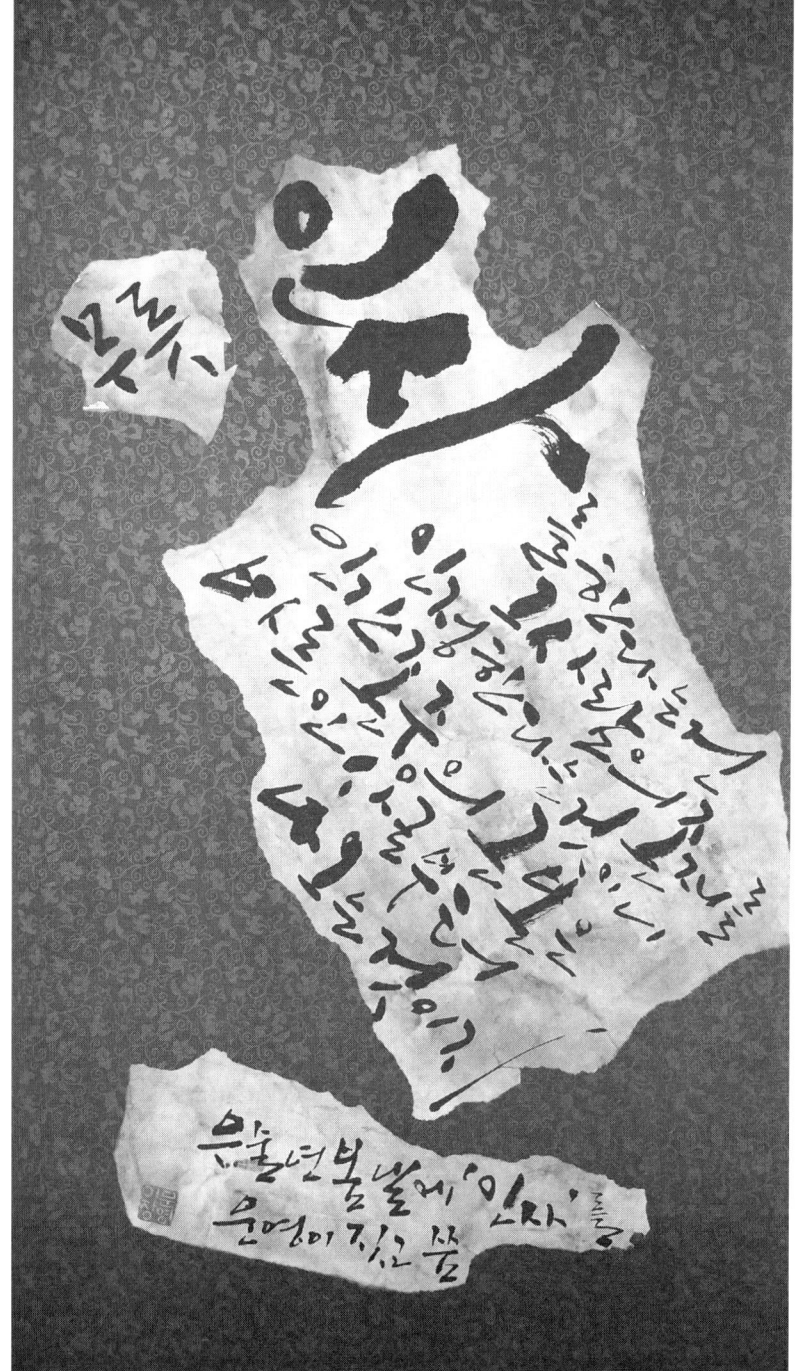

인사

무릇
인사를 한다는 건

그 사람의 존재를
인정한다는 것이니

인간 존중의 근본은
바른 인사로부터 나오는 것이지

함께 그러나 따로

- 둘이 하나되어 가는 길

그대의 모든 것이 아름다울 뿐
그대에게 흠이라고는 하나도 없습니다*

눈부신 에머랄드 빛 11월의 하늘입니다
오곡백과 풍성했던 대지위로 가을 햇살이 쏟아집니다
아버지의 끝없는 사랑과 어머니의 쉼없는 손길로
셀 수 없는 시간을 돌고 돌아 그대 앞에 섰습니다

보이는 세상에
그대 위해 내가 있습니다
나를 위해 그대 있습니다
진실한 애끊는 마음으로 우리 앞에 섰습니다

---

* (성경 아가서 4장 7절)

둘이서 하나 되어 함께 가는 길
사랑할수록 그리움과 목마름이 있습니다
두 사람은 함께여야 하지만
한 사람, 또 한 사람입니다

다함이 없는 우주에서 만난 어여쁜 자여~!
세상의 이랑마다 둘 만의 믿음의 씨를 뿌리소서
이해와 포용으로 기름지게 가꾸소서
사랑의 열매, 황희 열매, 행복의 열매는 그대의 것이라

한사람도 한사람 없습니다
목마름이 있습니다 두사람은 함께여야 하지만
둘이 하나되어 함께 가는 길 사랑할수록 그리움과

나눔

남을
위해
무엇을
하는 것이
아니라

내 삶의
일부를
共有하는 것

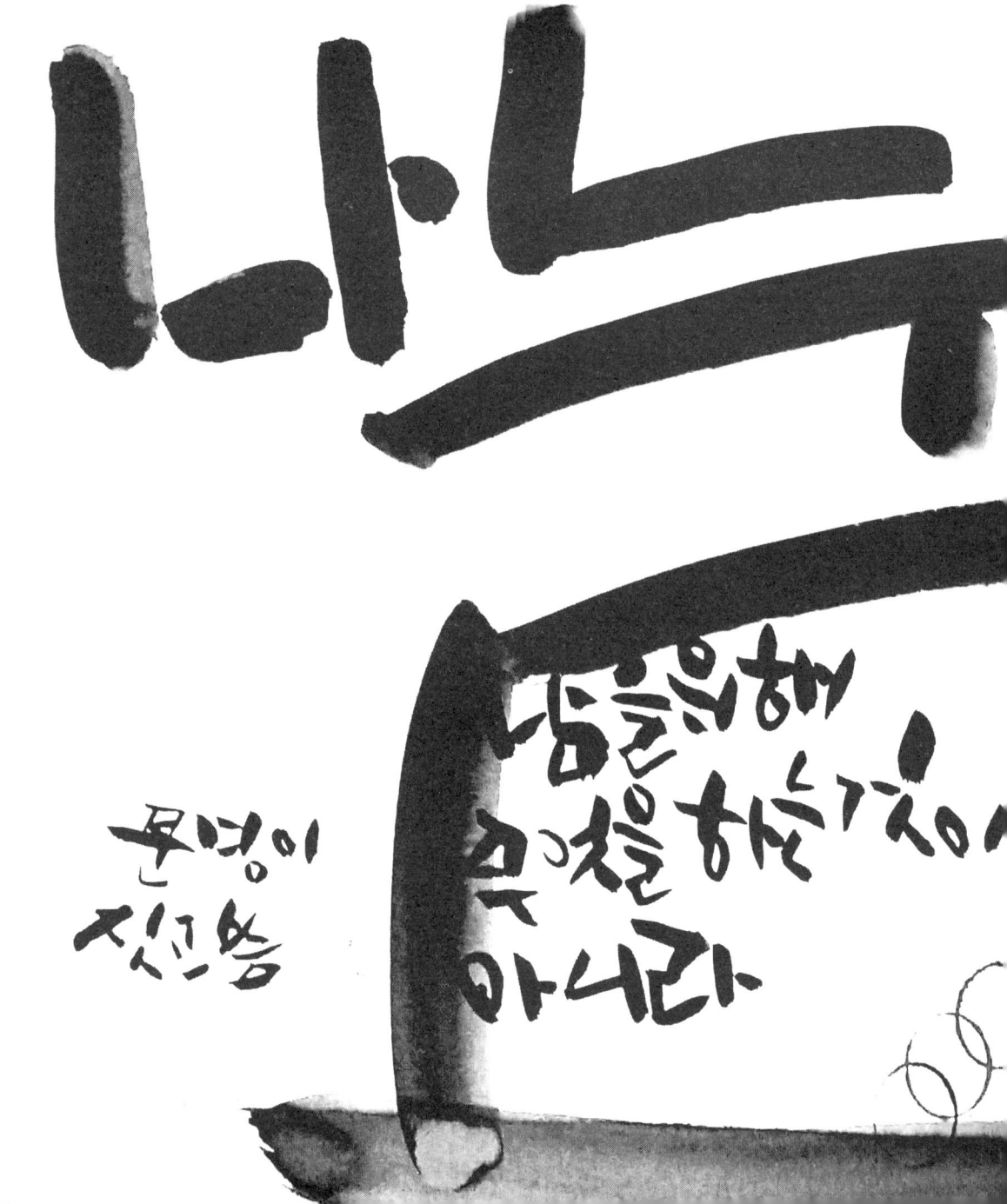

봄 · 1

오마든 너
달이차도
오마지 않아

그리움은
삭슬바람에
더해만 가고

가슴에 맺힌
이슬은
봉우리되어
터지는 구나

부부(夫婦)

한 사람
또
한 사람이
만나

하나의

人生을

향해
나가는 것

나 자신이 남의 人生을 향해
함부로 말하고 쓰듯
한 사람도 한 사람의 말

귀향을 기다리며

남해 청록의 바다는
고요하건만
내안의
파도는
들바람에도 출렁이네

님께서 대지의
기운을
호흡하실 때나
잠잠해 지려나

귀향을 기다리며

남해
청록의 바다는
고요하건만
내 안의 파도는
들바람에도
출렁이네

님께서
대지의 기운을
호흡하실 때나
잠잠해지려나

이공일육 여름 귀향을 기다리며를
하정 문영이 짓고 쓰다

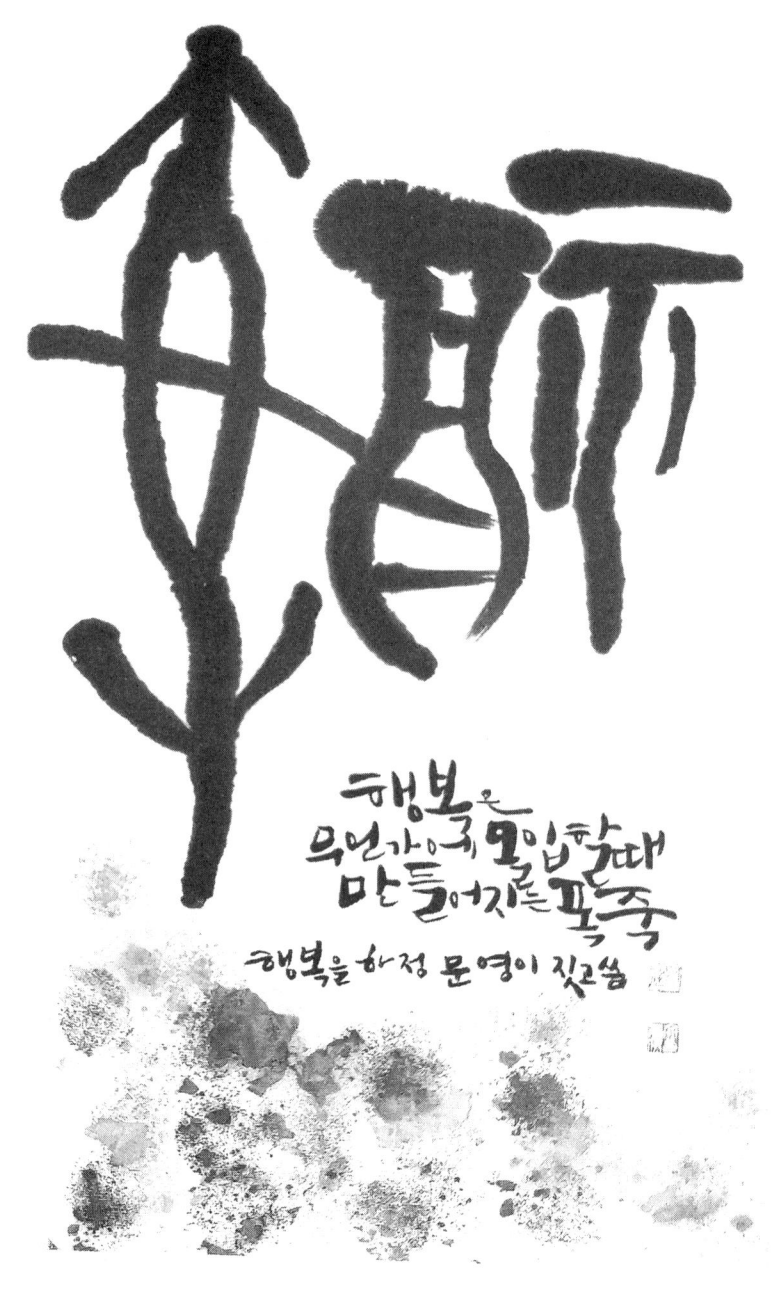

행복(幸福)

행복은

무언가에

몰입할 때

만들어지는

폭
죽

벗골

황금물결
일렁이는 벽골제

청백룡 어우러져
춤을 추니

지화자 좋을시고

우리도
어울렁 더울렁
신명나게 놀아봄세

황금물결
일렁이는 벽골제
청백로 어우러져
춤을 추니
지황자 좋을시고
우리도 어울렁더울렁
신명나게 놀아봄세

벚나무의 번뇌

두터운 외투 속으로 스며드는
모진 추위 견디어냈습니다

푸드득 푸드득 살점을
허공에 흩뿌렸습니다

봄을 노래하기 위해
억겁의 기간을 달렸습니다

애타는 목마름에
하늘 향해 손끝을 모두었습니다

휘날리는 화려함만 보는 이여
내 껍질 안의 번뇌를 아십니까

팬지꽃의 하루

태양이 작열하던
어느 날 오후
자줏빛으로 감싸 입은
나를
어떤 이가 두더지 같은 손으로
꾹꾹 누르며
소담스러운 집에
잠재우더이다

온 몸이 나른해 올 쯤
한줄기 소나기 내려
정신이 들어
상큼한 미소를
보내고 싶었지만
그 밤은 지쳤드랬습니다

찢겨진 잎
뜯겨져 나간 뿌리
흙에 닿았을 때의 부르짖음
이제야 알게 되었습니다
뿌리를 내리려면
처절한 몸부림이
있어야 된다는 것을

태양이 강열하던 어느날 오후 짜주빛으로 감싸임은 날들 어떤 아기 두덧잠은 손으로 꾹꾹 누르며 소란스런 온 집에 깜재우더니 온몸이 나른해 졸음 한줄기 소사기 내려 정신없어 샤울음 한 모습을 보내고 보았지만 그 빪은 기 뎠 다 했 습니 다 꺾 어진 잎들 쩌 저 나간 뿌리 흙 에 닳 아 슬 때 의 부르 짖 음 이 제 야 알 게 되 었 습니 다 뿌 리 를 내 리 려 면 저 절 한 몸 부 림 이 있 어야 된 다 는 것을

꽃은 하루를 헌정용이 있고 싶다

역겁의 시간을 넘어 당신으로 나를 택했고 그것은 천년의 약속이었습니다 그날 밤 달빛이 물들을 비추이고 사랑이란 거대한 우주 아래 되었습니다 살랑이는 실바람에 실장이 싸르고 작열하는 태양 아래 혀끝이 쭉 속지 터니 나뭇잎이 나풀을 때 빗살이 오톨톨 했습니다 이제 나는 세상을 향해 나아가려 합니다 당신을 만나기 위해 천절 한 몸부림을 합니다 솔가지에 목화 솜이 소복히 꽃 핀 날 복첩 젖 당신을 불렀습니다 그때 정아 말하고 싶었던 말은 엄마 아빠 낳아주셔 서 고맙습니다 아버지 어머니 사랑합니다

한정문 영이

부모님 날 낳으시고

- 천 년의 탄생

억겁의 시간을 넘어
당신은 나를 택했고
그것은 천 년의 약속이었습니다

그 날 밤
달빛이 문살을 비추이고
사랑이란 거대한 우주가
잉태되었습니다

살랑이는 실바람에 심장이 싹트고
작열하는 태양아래 허리가 쭈욱 펴지더니
나뭇잎이 나뒹굴 때 뱃살이 오통통 올랐습니다

아~
이제 나는 세상을 향해 나가려 합니다
당신을 만나기 위해 처절한 몸부림을 합니다

솔가지에 목화솜이 소복하게 꽃 핀 날
목청껏 당신을 불렀습니다

그때
정말 하고 싶었던 말은
엄마 아빠 날 낳아주셔서 고맙습니다
아버지 어머니 사랑합니다

3부
그흔한 인사조차

꿈

그것은
애닮은 갈망의
기다림

기나긴
고통의 터널을
지난후
맞이하는 새벽빛이니

정유년 봄 하정문영이

꿈

그것은
애닮은
갈망의
기다림

기나긴
고통의 터널을
지난 후
맞이하는
새벽빛이니

연산홍

푸른 미소 머금고
새침 떼고 있음
누가 모를 줄 알고

님 그려 길섶에
쪼그려 있음
누가 모를 줄 알고

핑크빛 실루엣
걸칠 날
기다리는 줄
누가 모를 줄 알고

풀은 미소 머금고 새 침 뻬고 왔음을 누가 마음 속에 알고
님 그려 길 섶에 쪼그려 앉음을 누가 마음 속에 알고
핑크빛 실루엣 길 칠 날기다리는 줄 마음 속에 알까

기해년 입동 봄날에 면산홀로 하정 문명이 짓고 쓰다

선물(膳物)

당신이
내게 준 선물

그것은

기쁨인
동시에
가장
아픈 선물

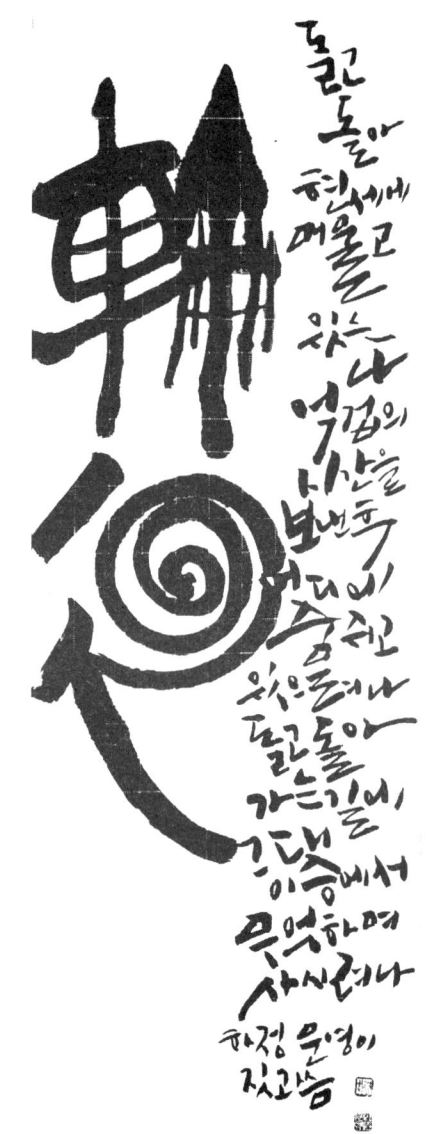

윤회(輪廻)

돌고 돌아
現世에 머물고 있는 나
억겁의 時間을 보낸 후
어디메서 숨 쉬고 있으려나

돌고 돌아가는 길에
그대
이승에서 무엇하며 사시련가

장승

안녕(安寧)
그 흔한
인사조차
당연하지 않은
일상 속에서

안녕(晏寧)을
빌고자
버티고
서있노라

장승

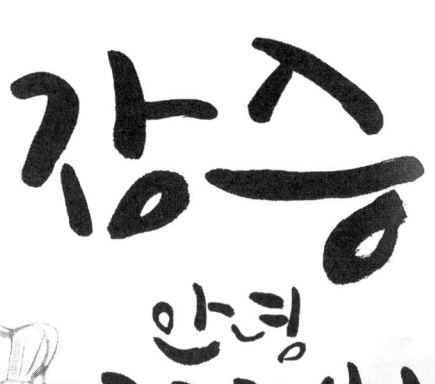

안녕
그흔한 인사조차
당연하지 않은
일상속에서
안녕을 빌고자
버티고
서 있노라

정유년 이른겨울
문명이 집고 쓰다

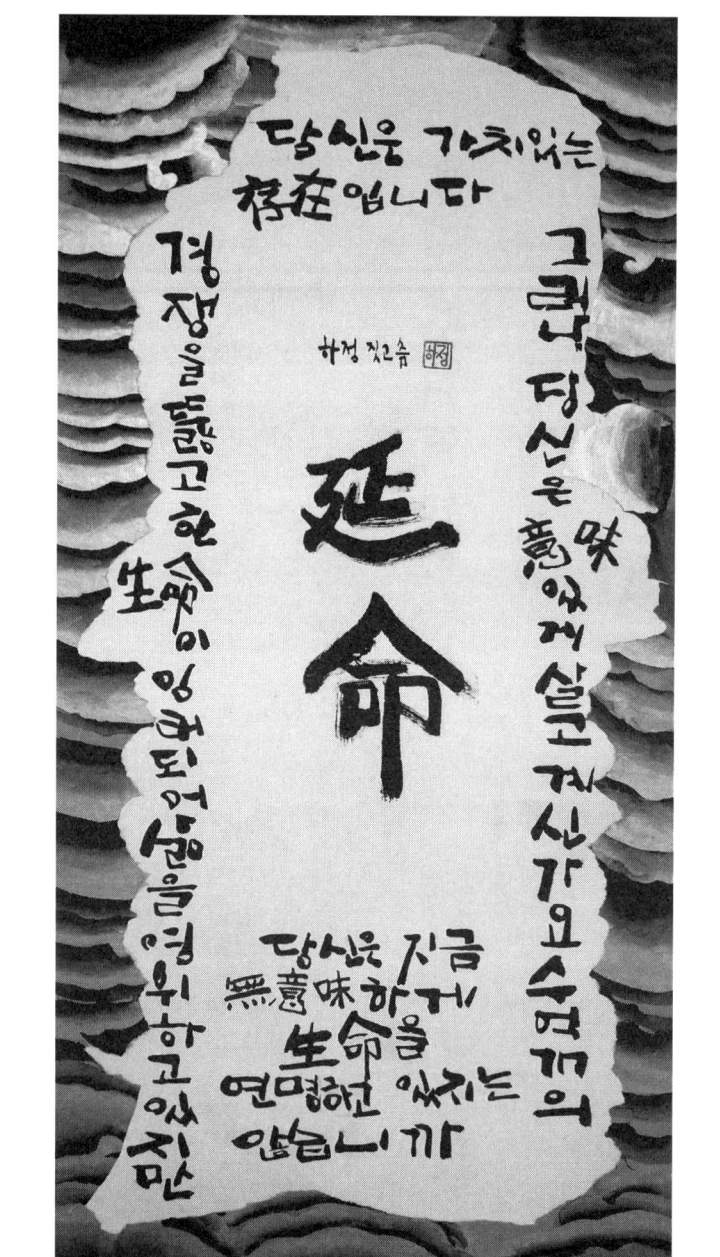

연명(延命)

당신은 가치 있는 存在입니다
그러나 당신은 意味있게 살고 계신가요

수 억 개의 경쟁을 뚫고
한 生命이 잉태되어 삶을 영위하고 있지만

당신은 지금 無意味하게
生命을 연명하고 있지는 않습니까

生의 또 다른 길에
당신은 어떤 삶을 영위하고 싶으신가요

초록바다에 서있어도
머리카락 사이로
매화향기 묻어나고

담장을 시늘대면
하얀 목련이
발등을 간지럽히네

앞산
산수유는
나를 오라
유혹하고

물오른 가마리
내 허리를
감으니

가슴에
붉게 물든 봄

고삐풀러
망아지 될수밖에

한정섬
짓고씀

봄 · 2

초록 바다에 서있어도
머리카락 사이로 매화향기 묻어나고
담장을 지날 때면
하얀 목련이 발등을 간지럽히네

앞 산 산수유는 나를 오라 유혹하고
물오른 개나리 내 허리를 잡으니
가슴에 붉게 물든 봄
고삐 풀린 망아지 될 수 밖에

아줌마 누나

똘망똘망 여덟 살난
사내아이가 묻는 거야
아줌마는 아빠 친구야?
대답대신 아줌마는
아줌마라고 부르면
싫어한다고 말해주었지
그 녀석이 또 묻는 거야
그럼 아줌마는 뭐라고 불러야 돼?
망설임도 없이 대답했지
아줌마 누나

아이는 놀란 토끼 눈을 하고
으응, 아줌마 누나가 뭐야?
동명이도 친구가
세 명이나 있는 것처럼
아빠와 어릴 적

같은 학교에 다녔다고
그래서 친구라고 말해주었어
그리고 친구란
꼭 나이가 같지 않아도 된다는 것도

아줌마도 친구가 될 수 있다는 것까지도
그러니까 누나라고 불러야 한다고 했지

아이가 힘껏 소리쳤어
아줌마 누나

꽃밭 물뿌리개 들었을때
사내아이가 묻는거야
아줌마는 아빠친구야
대답대신 아줌마는
아줌마라고 부름을
싫어한다고 말해줬었지

그녀석이 또 묻는거야
그럼 줌마는 뭐라고
불러야 돼
망설임도 없이 대답했지
아·줌·마·는·나·

푼멍이 짓고 슴

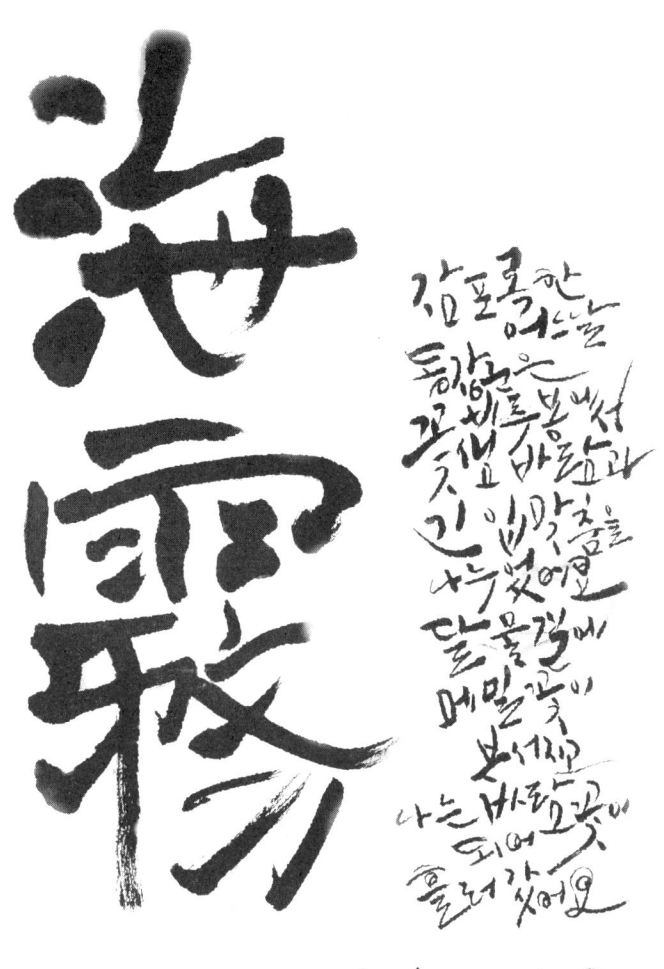

해무(海霧)

잠포록한
어느 날

동장군은
비루봉에서

꽃샘바람과
긴 입맞춤을
나누었어요

달물결에
메밀꽃이
부서지고

나는
바람꽃이 되어
흘러갔어요

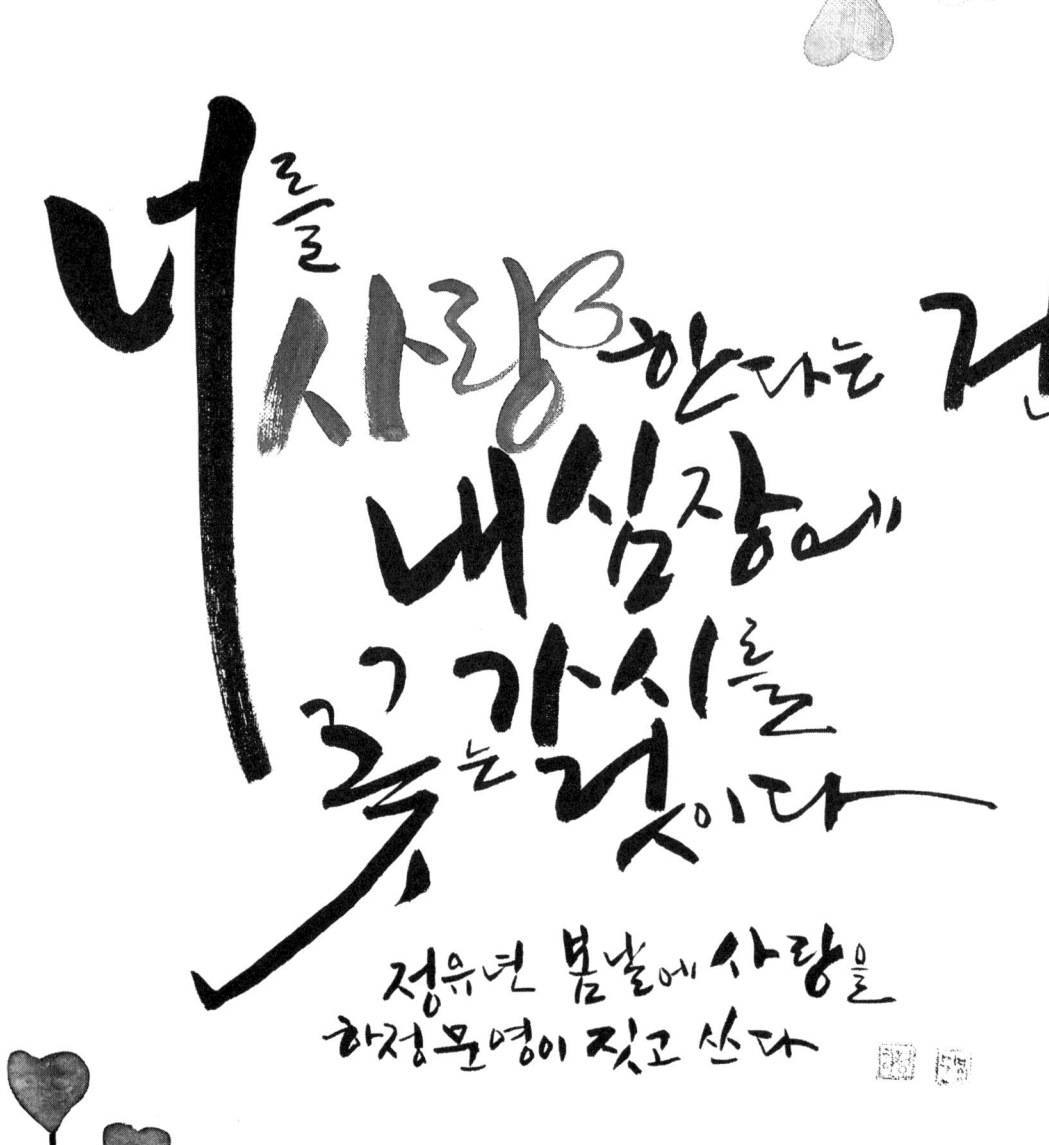

사랑

너를
사랑한다는 건

내 심장에

가시를
꽂는 것이다

4부
어화둥둥 내사랑아

어떤 기다림

솔가지 위에 핀 눈꽃도
눈이 부시다만
만개한 왕벚꽃도 어여쁘다만

들쑹날쑹 황금니를 지닌
님의 미소에 비길 소냐

어화 둥둥 내 사랑아

해후할 날 기다리다
귀두라미 운다네

어떤 기다림

솔가지 위에
핀 눈꽃도
눈이 부시다만

만개한 왕벚꽃도
어여쁘다만

들썩날썩 황금빛지닌
남의 미소에
비길소냐

어화둥둥 내사랑아

해후할 날 기다리다
귀뚜라미 운다네

이천십칠년 여름날
어떤기다림을 허정문형이
짓고 쓰다

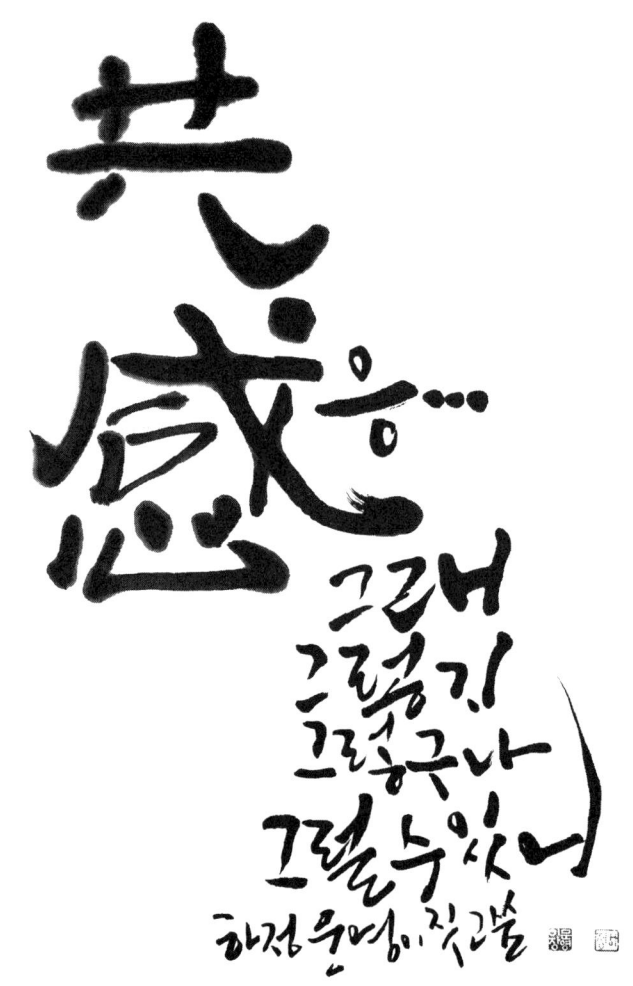

共感

응···

그래

그렇지

그렇구나

그럴 수 있어

밀월(蜜月)

붉은
노을이
연꽃에
내려앉으니

원앙이
연못으로
날아드네

코스모스

가을이 전해준
라쿠카라차

바람에 날려온
아리아리랑

한들한들
리듬에 맞춰

얼쑤 얼쑤
장단에 맞춰

서러운 몸짓을
토해내고 있다

고향을 향해
소리치고 있다

코스모스

가을이 전해준
라구라차
하늘하늘
리듬에 맞춰

발 맞춰 날려온 아리아랑
설레인 붉 것 들도 해 써고 있다
별 쑤 열 쑤 장단에 맞춰
고향을 향해
소리질 있다

가을이 전해준
라구라차
한들한들에 맞춰

하정봄이
정유월

4부. 영화같은 내사랑이… 97

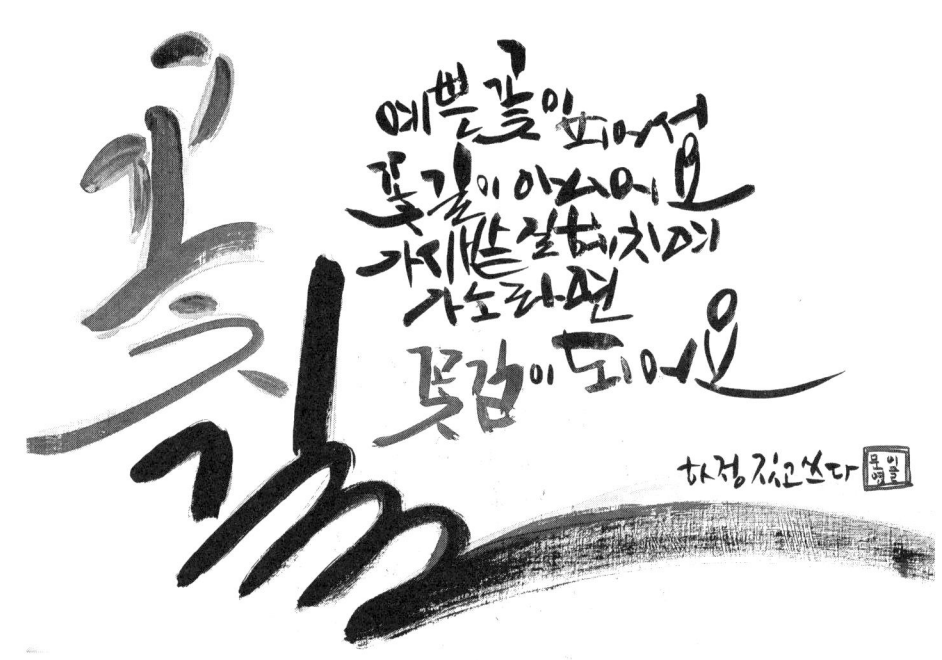

꽃길

예쁜 꽃이 피어서
꽃길이 아니어요

가시밭길 헤치면서
가노라면
꽃길이 되어요

어떤 날

나 죽으면
네 얼굴
보고파 어쩌나
무심코 던진
물음마의 말에
해지도록 슬픔의 샘은
마르지 않아
단 한번 이별을
생각지도 못했는데
준비없이 받아든
말 보따리에
묵향이 번져간다

이천십칠년 여름
하정 문영이 짓고 쓰다

어떤 날

나 죽으면
니 얼굴
보고파 어쩌나

무심코 던진
엄마의 말에

해지도록 슬픔의 샘은
마르질 않아

단 한 번 이별을
생각지도 못했는데

준비없이 받아든
말보따리에
묵향이 번져간다

님께로 가는 길

들녘엔 초록이 노래하고
산등성이 하얀 배꽃은
너울너울 춤을 추고
길 섶의 개나리
노랑저고리 벗고 섰네

님께로 가는 길

꽃단장하고 나섰건만
마음만 연분홍 복사꽃이였네

님께로 가는 길

들녘엔
초록이 노래하고
산등성이
하얀 배꽃은
너울너울
춤을추고
강섶의 새소리
노랫가락에 벗고싶네

님께로 가는 길
길판장 하고 나섰건만
못 마음안 철벅한
봉숭아꽃이 폈네

마음을 담은
해정 문영이 잠언쓰다

은행

뛰어 내리기 두려워
치마폭으로 얼굴을
가렸습니다

낯선 곳으로 떨어지는
아픔이 무서워
황금솜으로
온 몸을 휘감았습니다

뒤통수 후려칠 때
소리없는 울음삼키고
버둥대며 향기를 내뿜었습니다

징코민 만드느라 지친
한 해가 가고

짓밟힌 알몸은
깊은 바닷 속에
햇살에 눈이 부십니다

겉 다르고 속 다른
당신입니다

은행

깊은 바닷속에
뛰어내리기 두려워
치마폭으로 얼굴을
가렸습니다

낯선 곳으로 떨어지는
아픔이 무서워 황공송으로
온몸을 휘감았습니다

뒤통수 후려칠 때
소리 없는 울음 삼키고
버둥대며 향기를 내뿜었습니다
징크민 만드느라 지친
한해가 가고 짓밟힌 알몸은
햇살에 눈이 부십니다

겉다르고 속다른
당신입니다

이천십육 팔월 은행을
하정 무영이 짓고 쓴다

몽화(夢花)

내일은
여명이 밝아오리라
어리칙칙한
꿈이라 해도 좋아요

새벽이
오지 않는다 해도
다시금
땅을 일굴 거예요

삶의 파편들이
대지 위에
쏟아져도
생명의 꽃을
피울 거예요

몽화

내일은
여명이 밝아오리라
어리칙칙한
꿈이라해도 좋아요
새벽이
오지 않는다해도
다시금 드당을
일 들거여요
삶의 파편들이 메마른
대지위에 쏟아져도
생명의 꽃을 피울거예요

이천삼칠년 하정문영이

이 도서의 국립중앙도서관 출판예정도서목록(CIP)은 서지정보유통지원시스템 홈페이지(http://seoji.nl.go.kr)와 국가자료종합목록 구축시스템(http://kolis-net.nl.go.kr)에서 이용하실 수 있습니다.

(CIP제어번호 : CIP2019025659)

문영이 캘리그라피 · 시

신명나게 놀아볼세

초판인쇄일 2019년 8월 5일
초판발행일 2019년 8월 9일

지은이 : 문영이
발행인 : 김순진
편집장 : 전하라
디자인 : 김초롱
펴낸곳 : 문학공원
등 록 : 2004년 3월 9일 제6-706호
주 소 : 우편번호 03382 서울 은평구 통일로 633
　　　　녹번오피스텔 501호 스토리문학사
전 화 : 02-2234-1666
팩 스 : 02-2236-1666
홈페이지 : http://cafe.daum.net/yob51
이메일 : 4615562@hanmail.net

※ 책값은 뒤표지에 있습니다.
※ 저자와의 협의에 의해, 인지는 생략합니다.